수제비와 구름

최한선崔漢善

아호 경산敬山. 전남 강진 출생. 『21세기 문학』, 『시조시학』 신인상 수상. 모란촌, 백련문학회, 행문회, 작가협의회 회원. 시집 『화사한 고독』, 『백제를 꿈꾸며』, 『사랑 그리고 남도』, 『비상대책위원회』 등. 수필집 『될 성부른 나무는 떡잎부터 파랗다』, 『생각 그리고 여백』 등. 연구서 『문화와 문학 그 상징과 속살』, 『영호남 문학의 이해』, 『속세를 끊어버린 식영정』, 『달관과 관용의 공간 면앙정』 등. 빛고을 청년대상, 한국예총상, 열린시학상, 박용철 문학상 등 수상. 현재 광주여자대학교 이사. 전남문화재연구원 대표이사. 광주예총 부회장. 한국시조학회부회장. 한국고시가문학회 회장. 전남도립대학교수로 활동 중.

열린시학 기획시선 ❼⓺
수제비와 구름

초판 1쇄 인쇄일 · 2013년 11월 19일
초판 1쇄 발행일 · 2013년 11월 29일

지은이 | 최한선
펴낸이 | 노정자
펴낸곳 | 도서출판 고요아침
편집장 | 이세훈
편　집 | 김예옥

출판등록 2002년 8월 1일 제 1-3094호
120-814 서울시 서대문구 북가좌동 328-2 동화빌라 102호
전　화 | 02-302-3194~5
팩　스 | 02-302-3198
E-mail | goyoachim@hanmail.net
홈페이지 | www.goyoachim.com
인터넷몰 | www.dabook.net

*책 가격은 뒤표지에 표시되어 있습니다.
*이 책의 판권은 지은이와 고요아침에 있습니다.
　이 책 내용의 전부 또는 일부를 재사용하려면 반드시 양측의 서면 동의를 받아야 합니다.

ISBN 978-89-6039-573-2 (04810)

ⓒ 최한선 2013

열린시학기획시선 76

최한선 시집

수제비와 구름

고요아침

■ 시인의 말

시를 쓰지 않았다면 얼마나 답답했을까?
내가 원고지 위에 황제라고 쓰면 나는
지고지존하고 무소불위한 황제가 되고
내가 재벌이라고 쓰면 나는 이 세상에서
가장 재산이 많고 부유한 사람이 되는데……
원고지에서 전투하는 시병詩兵들의 노고가
세간의 계산법을 초월하게 해주니 고맙다
시를 쓰면서 세상의 따스함을 알게 되어
무척이나 기쁘다 세상과 소통하고자 자모를
움직여 보지만 늘 여의치 않아 불만이 많다
시안詩眼 밝으신 독자들이 문자 밖, 글자 외의
의미를 보태어 읽어준다면 퍽이나 다행이련만……
평설을 해주신 송수권 은사님께 감사드리며
시인의 길로 안내해준 이지엽 친구와 고요아침
가족들에게도 고마운 마음 전한다

2013년 깊어가는 가을에
최한선 삼가 적음

| 차례 |

■ 시인의 말 _ 5

제1부

모닥불 _ 12
맥박에 대하여 _ 14
계절이다 _ 16
어떤 공연 _ 18
끄다 · 1 _ 19
한글날 유감 _ 20
들녘에서 _ 23
막내 결혼 하던 날 _ 24
혼돈混沌에게 _ 26
끄다 · 2 _ 28
끄다 · 3 _ 30
지다 _ 31
다시 소쇄원에서 _ 32
탄장미가歎薔薇歌 _ 33
능가사 문고리의 노래 _ 34
가을의 공원 _ 36

제2부

수제비와 구름 _ 38
덤불이다 _ 39
산의 존재 _ 40
노잣돈 _ 42
노자에게 _ 44
어떤 기회 _ 47
장자에게 _ 48
득시론得詩論 _ 50
존재의 미학 _ 53
저금통 득시론得詩論 _ 54
곡선과 역사 _ 56
단상 하나 _ 59
마음이 마음에게 _ 60
궁금한 안쪽 _ 62
분서갱유 단상 _ 64
면종복배面從腹背 _ 66

제3부

소리 공화국 _ 70
잔고 인생 1. _ 72
잔고 인생 2. _ 73
잔고 인생 3. _ 74
광야 교회 _ 76
낙수의 꿈 _ 77
원가 공개 _ 78
한국인의 지조 _ 80
밀렵蜜獵 인생 _ 82
성묘 가는 길 _ 84
숲의 단상 _ 86
편백을 힐링하라 _ 87
가을 여인 _ 88
어떤 파락호 _ 90
사랑의 묘약 _ 91
명품 별곡 _ 92

제4부

사랑이란 _ 96
엽서 한 장 _ 98
발상의 전환 _ 100
위대한 세례 _ 101
무등산 별곡 _ 102
한국의 만년설 _ 104
가을의 초파일 _ 106
춘궁가 _ 108
나에게 쓰는 엽서 · 2 _ 110
어떤 생각 _ 112
초승달 사랑 _ 113

■ 해설 | 송수권
득시론得詩論에 관한 몇 가지 답론 _ 114

제1부

모닥불

옹기종기 모여든 낙엽들
우구구 어머니를 감싸는 소리
그 모습이 다습다

도란도란한 불꽃들의 이야기와
불가에 모여 앉은 사람들의 정화情話
그 하모니가 정겹다

토닥토닥 우주를 허무는 소리들
파도가 이는 듯 뇌성이 치는 듯
불협화음이 밤하늘 가른다

저녁 달빛에 쫓겨가는 노을처럼
단말마로 타오르는 사내의 욕정인 듯
어둠을 발갛게 물들인다

이윽고 태고의 적막이 귓전에 들면
모닥불은 아득한 전설처럼 한 줌 재로
하얀 손 내민다

맥박에 대하여
– 운동회 단상

봄날이다

금당산 아래 무슨 일이 있는 것일까
창공을 가르는 혼재된 함성
오리나무 새잎들 혼비백산하고
초록빛 우르르 귀를 세우는데
때죽나무 초심을 잃지 않으려는
몸부림에 향낭香囊이 요동을 한다
도대체 무슨 일이 있는 것일까
언제부턴가, 한평생일지도 모르지만
함성은커녕 '소리'라는 말만 들어도
가슴 졸이며 살아온 이력이다
오랜만에 알 수 없는 그러나
아주 익숙한 저 팔딱이는 맥박
산 벚 떨구며 가는 구름 발목 잡는
혼음混音이 안기는 어떤 확신

이제는 아련함 속에 무겁게 가라앉은
파랬던 뜀박질의 희망

나를 키웠지

계절이다

색종이, 도화지, 크레용, 컴퍼스
분도기까지 요놈들 떼 지어
내 소년의 그늘 지대를 만들었었지
커다란 교목이 잡풀을 가리듯
키를 곤두세우며

하늘은 계절마다 무량으로
색 다른 도화지를 내밀며
바람이랑 마음을 그려 보랬지
푸른 바람 하얀 마음 그려 보랬지
산이랑 바다 말고

미술 시간마다 도화지 대신
하늘을 가지고 갔던 나
그것이 그늘을 만드는 나무
숲을 옥죄는 권력인 줄 알지 못했지

난 그때 알았어야 했을까
봄 속에도 네 계절이 있고
내 마음속에도 조석朝夕의 사계四季가
살고 있으며 하늘은 도화지가 아니고
궁상의 부끄러운 자화상이었음을

세상의 사계는 공평을 잃은 지 오래
배고프고 추운 겨울은 더디 가는데
조루처럼 '봄날은 간다'고 울먹였지
봄은 저녁노을보다 더 빨리 늙고
가을은 담배 한 대 참이면 가더라고

어떤 공연
– 김의 노래

천의 얼굴이 나를 부른다
순간순간 변하는 그러나
천의무봉한 저 원숙한 자태

누구를 위한 세레나데인가
저 가냘픈 여인의 노래는
우주가 흔들리듯 신명이 높다

농염한 냄새로 나를 유혹하며
어서 와 한번 가져보라는 눈짓
현란한 교태 그만 숨이 막힌다

별똥별 하나가 사라지는 허공에
다시 새벽이 흔들려 태양이 뜰 무렵
김은 다시 일상의 공연을 한다

끄다 · 1
― 법화경 단상

전생 현생 내생 삼생의 부처님
당신은 삼 세상의 소방수였다지요

동짓달 벽공碧空의 유성조차도
식은 화로에 재 같은 욕정일지라도
행여 불심이 우주를 태울까 인연을 끊고
눈 귀 코 입 오욕의 사통팔달 문을 잠갔다고요

불난 집에 뛰노는 아이들 놀이터 같은 세상
저 집의 저 불은 왜 아니 끄시고요

한글날 유감
― 국어기본법 제 14조 1항을 준수하라

눈을 뜨고 있음이
귀를 달고 있음이
말을 하고 있음이 두렵고 무섭다
자음과 모음의 몸부림이 처절한 세상

자모음이 손을 잡고 초·중·종성이
순행하여 북녘에서 남녘으로
너로부터 나를 넘고
이념과 국경을 넘어
우리라는 동그란 원의 세계로
그렇게 반만년을 살아온 우리 글

모기지론
하우스 푸어
에스엔에스
소시얼 프로세스

2013 바이오 R&D to Market 포럼
솔까말(솔직히 까놓고 말해서의 줄임말)
……

도대체 어떤 타락을 창조하자는 건가
저 내력 없는 현란한 방편들의 설, 설, 설
융·복합이 대세라는 줏대 없는 망언들이
팔도의 욕설과 세계의 조악어粗惡語들을
섞고 엮어 국적 없는 언어를 '창제'하다니

사기, 횡령, 추징, 폭력, 불통, 억압, 불법
한글의 자모에게 미안하고 부끄러운 말들
어쩌다 우리가 이렇게 되었을까
어쩌려고 우리가 이런 짓을 해댈까
독립을 이룬 지가 얼마인데 아직도
사대 정신과 노예근성을 버리지 못할까

'공공언어 파괴'가 일어나지 않는 날은
관공서가 쉬는 날이란다
하루 평균 2.88회 국어 기본법을 위반하는 관공서
'일반고등학교 JUMP UP'
서울시 교육청이 내건 공교육 정상화 정책의 이름이다

나라를 잃은 것은 일부를 잃은 것이어도
말을 잃으면 민족의 전부를 잃은 것인데
전부를 잃어버리자는 정신없는 사람들이
정신없이 설치는 세상이라 정신이 혼미하다

들녘에서

바람을 본다
보릿고개 작년 봄
그 봄을 데려간 비바람風雨 본다

다시 바람을 본다
설중매 자약自若한 금년 겨울
새봄을 데려온 눈바람飛雪 본다

또 한 바람을 본다
공허한 해산解産을 일삼는
들녘의 매운바람辛風을 본다

마침내 끝 바람을 본다
채우면 넉넉히 비우라는
무욕의 구강포 들바람擧風을 본다

막내 결혼 하던 날
― 서른일곱의 신부에게

길이 있습니다
직선으로 뻗은 길
논두렁 밭두렁 굽이굽이 골목길

모서리가 있습니다
삼각의 뾰족함
사각의 네모남
세상 닮아 삐딱한 마름모

곧고 짧은 길을 애써 마다하고
굽 돌다 깨어지고 생채기 내며
해를 잡고 별을 키운 원융한 득도
해별들이 향내 내는 살가운 인정
주섬주섬 담아온 세월의 한난寒暖

그 세월의 무게와 깊이로 기꺼이

퍼 올려 꽃씨 심은 오월의 신부
짧은 직선 늘이고
뾰족함 네모남 삐딱함
갈고 또 갈아서
마침내 그렸구나 부부라는 동그라미

동그라미 속에서 꽃이 피고
실실한 열매가 온전한 우주가 되었다
보름달이 아버지 당신이었듯이

혼돈混沌에게

혼돈아 너는 누구니
악惡, 우愚, 추醜, 혼란混亂
너를 괴물이라 부를까
꽉 막힌 소통 불능의 괴짜
너를 위해 그 막힌 곳을
일곱 군데쯤 구멍을 내주마
입, 코, 눈, 귀 뚫린 구멍으로
본다고 다 보이고
듣는다고 다 들리며
맡는다고 다 맡아지며
말한다고 다 말해지던가
어차피 빙산의 일각이지
솔직히 말해보게나
보고 듣고 맡고 말한들
뭐 달라질 게 있겠는가
죽어야 달라진 것을……

결국 일곱 구멍 다 막혀서
혼돈이라 비꼬아지는 나와
별반 차이가 없는 게야
여기저기 뜯어 구멍을 내고
붙이고 깎고 야단들인데
본모습을 잃으면 죽는 법
그러지 마시고 내 말 듣게나
우리네 할머니들이 9년을
버텨온 시집살이 방식으로
21세기 신판 묘법연화경
여러 판본 만들어 보세나
어차피 혼란으로 살라는 세상
산다는 것은 우주 속을
암영暗泳하는 것 아니든가

끄다 · 2
— 대학가 풍경

바랑을 짊어진 새벽녘의 젊은이 본다
안거 향한 수도승처럼 달을 좇는 허허로움
손가락 끝에 보이는 건 도서관 세 글자

창백한 종잇장들 하나 둘 금세 여럿
다소곳이 둥지를 튼다 올해도 예년처럼
구도자의 그 모습 흐트러질 줄 모르고

사랑하는 사람을 두고 군 입대를 해야만 하는
청년의 간절한 고뇌라든가 좌우의 이념을 놓고
치열하게 밤새워 논쟁하던 대학은 전설이 되었다

소설집과 시집을 읽고 철학서를 끼고 다닌
대학생의 모습은 어제 불었던 바람의 흔적
대학의 자유와 학문 탐구는 어디로 갔을까

'스펙'이라는 샅바를 붙들고 씨름하는
청춘들, 차라리 구도求道의 길이었으면……
아파야 청춘이라는 궤변에 자모음字母音이 섧다

이력서를 잠식한 화려한 수사들
세상이 그러하니 자연自然을 따르라는
노장老莊의 언행은 분명 패배자의 변명이다

무등을 지붕 삼고 자미탄 토방 놓아
식영정 드나들었던 임 선생도 저랬을까
무엇을 *끄*고 싶었을까 궁금하다 속마음

끄다 · 3
― 식영정에서

잘 있거라 한강의 물이여
편히 흘러 물결일랑 일으키지 말기를*

아우님 권력 향한 야심의 불꽃을 끄시고
선비 본연의 수신제가에 힘쓰시게나
아우를 향한 석천의 마음은 무욕이었다

지키려 한다고 지켜지는 것이 분수이며
채우려 한다고 채워지는 것이 욕심이던가
물을 응시하는 해오라기 무심인가 유심인가

* 석천 임억령은 아우 임백령이 을사사화를 일으키는데 참여하려고 하자 이 시를 읊고 관직을 버리고 담양으로 낙향했다

지다

영근 것은 저마다 졌던 전설이 있었다
낙엽 한번 떨구지 아니한 나무가 없고
눈물 한번 짓지 아니한 노년이 없듯

삭신삭신 출렁이는 이파리의 역사에서
출렁출렁 주름 잡힌 대양의 얼굴에서
비옥한 퇴적의 평화를 찾기까지도

억겁 번 다시 지라는 무량한 말씀인데
애써 붙들며 아파하는 비련의 운명처럼
세속의 굵은 매듭들 영혼이 구차하다

다시 소쇄원에서

물소리 베개 삼아 천뢰天籟를 들어도
억울한 사연 씻지 못한 처사 양산보
청랑한 석간수 소리 임 생각만 깊어지고

빙옥을 심으면 암향暗香으로 씻길거나
달을 부르면 해를 품어 가려질거나
골수에 깊이 든 사랑 청죽도 매듭이 풀려

백설을 부르리까 비바람을 부르리까
마음에 맺힌 설움 저들이 어찌 씻으리
소쇄瀟灑라 부른 까닭을 헤아리고 되뇌고

무심일까 유심일까 대나무 여태 푸르러
수죽脩竹 사이로 일편의 청풍을 보내오는데
그 바람 내 뜻을 아는지 갈지 자 갈지 자

탄장미가 歎薔薇歌

붉은 찔레의 혈통을 타고난 나
노골적으로 장미에게 불만이 많다
내력도 없는 것이 함부로 나댄다며
일부러 못 본 척 외면하기 일쑤요
장미의 빨간 자태 염탐하다가
잎 속에 숨긴 가시 앙큼하단다
학교 담에 목숨 걸고 살아온 장미
나를 보면 사알짝 고개 돌리며
청치마 자락으로 얼굴을 가린다
박힌 돌 찔레는 붉은 꽃 어디 두고
하얀 소복 단벌로 이 산야 지키는가
사람들 장미원을 만들고 축제를 열어
자모음이 부족타며 오두방정 떨어싼다
내 구박을 알았을까 현애懸崖한 장미들
목숨 건 곡예로 애정을 구걸해도
내 고향은 찔레꽃 붉게 물든 남쪽 나라

능가사 문고리의 노래

세상의 인연에 얼마나 허출했을까
문고리는 숱한 사람의 손을 붙잡았다

만났던 사람들 모두 품었던 공덕으로
만다라 같은 인연들은 이끼처럼 빛났고

원융한 몸뚱어리에서 팔팔하게 뛰노는
무량의 법어들이 은빛의 광채를 발했다

불국토, 피안의 세계가 열리자 반야용선은
중생을 태우고 아제 아제의 노래를 불러댔다

지금은 잃어버린 실낙원의 고목나무처럼
문고리는 예전의 불국토를 잃은 지 오래다

억겁을 한 몸에 짊어진 녹슨 문고리

영화는 가고 추억은 씹을수록 서러운 것

누군가 나를 부른다 귀를 대어본다
분명 문고리 속에서 나오는 음성인데
낯설고 몹시 지친 서러운 목소리다

반야용선을 놓치고 차안此岸에 체념한
사부중생의 힘없는 목탁 소리 같다

내가 태어나기 오래전 이곳에서
불국토를 꿈꾸었던 사람들이라며
속세에 흔들리며 역사를 반추한다

가을의 공원

가을에는 공원을 걸어볼 일이다
도가 적간 지나간 듯 말끔한 하늘
발길마다 흰 구름이 따라 나선다

연인들은 가을 공원 가볼 일이다
숫스러운 분위기 추국秋菊 향에 묻히고
도토리 세레나데 신방 축가 따로 없다

가을 공원은 성큼성큼 깊어 간다
겨울 채비하느라 덤불들은 몸 붙이고
크고 작은 단풍나무들 연등 축제 눈부시다

나른한 가을엔 공원을 걸어보자
적막한 듯 부산하고 초라한 듯 덜퍽진
가을 공원엔 끝이 있고 시작이 있다

제2부

수제비와 구름

구름이 무심타니 누구의 생각일까
노니는 모습을 보니 즐기는 음악이
여러 종류임을 금세 알 것 같은데
그의 부족어도 자모음이 있을 테고
그 의상에도 신구의 유행이 있을 터
짝을 고를 때에는 무엇을 중시하고
어떤 직업을 선호하며 취미 생활은
무엇을 하며 외식은 어디서 하는지
그들은 몇 살을 살며 무얼 주식으로
먹는지 결혼은 몇 살에 하고 자녀는
몇 명을 두는지 어제 본 그를 내일도
볼 수 있는지 구름의 냄새는 어떠며
어떤 정치를 좋아하는지 자꾸만 내
마음이 간다 주린 배 안고 봤던 구름
구름이 크려면 하늘도 커야 하는지
마당에 나와 둥둥 떠가는 큰 구름을
잡아서 수제비 여러 사발 끓였었지

덤불이다

덤불이 커야 도깨비가 난다 하지만
큰 덤불 된다는 것 쉬운 일 아니다

천성으로 덤불은 오순도순 더불어 살고
어깨동무로 키 낮추며 가지를 키운다

담쟁이처럼 더위잡으려 애쓰지 않고
소나무처럼 독야청청 외롭지 않다

한국의 토루土樓인가 덤불의 생존법
백성百姓이 일촌一寸으로 세계世系를 잇는다

산의 존재

산은 하늘과 땅의 분수를 알게 하고
고단한 구름이 쉬어가는 주막이 되며
성질 급한 바람의 감정을 조절해준다

산은 물을 낳고 물은 겸손을 기른다
머리 위엔 태양의 집 하늘을 이고
가슴팍엔 바람의 집 대지를 품는다

산은 누워 있어도 나무를 곧게 기르고
물을 아래로 흐르게 하며 사계절 변하되
그 속내까지는 변하지 않는 중심이 있다

산은 오름과 내림의 인생길을 내놓고
비움과 채움의 절도로 무욕을 가르쳐
철 철의 천뢰天籟로 홍진을 씻어준다

산은 지란芝蘭을 키우듯 생명을 키우고
태양을 띄워 만물을 기르고 달을 불러
사람을 엮으며 사랑의 작문作文을 담금질한다

아버지의 위엄과 어머니의 자애로움으로
숲을 일구면 숲은 지기知己의 편안함으로
어울리고 소통으로 공생의 삶을 즐긴다

산은 파도보다 매섭게 성을 내기도 하고
바위보다 의연하게 지조를 지키기도 하지만
지는 해를 안아주는 커다란 가슴을 가졌다

노잣돈

평소에 말도 잘 안 하는 후배가
얼마 전부터 술을 마시면 자꾸
알아듣지 못하는 소리를 하곤 했다
눈은 풀려 게슴츠레하고 혀는 꼬여
딴 사람 같이 표변하곤 했던 그
아 삶이 힘들어 저러나 보다 하고
무심히 넘겼는데 아니 자네 취했네
하면서 술을 그만 마시게 했는데
그만 이 친구 세상을 등졌다 한다
그 후배 술 마시고 했던 말은
이제 보니 저 세상 언어였었다
저세상 가서는 소통하며 살려고
저세상 가서는 일류 인생 살려고
나름 언어부터 준비를 했던 것이다
노잣돈이 뱃삯인 줄로만 알았는데
술이라도 한 잔 더 주었으면 그쪽 말

연습하는데 큰 도움 주는 것이었는데
행여 주정하는 누굴 만나면 노잣돈
삼아서 술 한 잔 권해야 되려나 보다
술 먹고 하는 말은 저세상의 표준어

노자에게

이 선생님, 당신의 말씀 중에는
마음에 와 닿는 것이 있는가 하면
앞뒤가 잘 맞지 않아 혼란스러운
것도 몇 가지 있습니다 선생께서는
인간의 지식과 학문을 버리라고
하셨는데 교학사 국사 교과서를 보면
간교하게 악용된 지식, 국적國賊의
극치를 알 수 있는 학문의 농간이
대한국민을 분노케 합니다
백성을 농락하는 학문과 지식을
버리라는 당신의 말씀에 동감입니다

이 선생님, 무기는 군자가 쓸 도구가
아니니 부득이 쓸 경우 염담恬淡하게
쓰라고 하셨지요 당신의 반전反戰과
평화를 사랑하시는 가슴을 존경합니다

이 선생님, 세 가지 의문이 있습니다
상선약수라 하셨는데 선생께서 도는
모든 것이 혼돈混沌한 실재이므로
선악, 강약 등의 분별은 없다 했습니다
그런데 선을 말씀하시고 다시 그것을
상선上善이라고 세분하시니 그렇다면
중선中善 하선下善도 있다는 것인지요

무위자연의 도를 따라 자기를 버리면
영원히 산다고 하셨는데 사람을 포함한
만물은 시간과 공간의 제약을 받기 때문에
영원할 수 없고 단지 도道만이 시공時空의
제한을 넘어 영원하다는 말씀과는 다른가요

끝으로 복 속에 화가 있다고 하신 말씀

참 무섭군요 복이 결국 화가 된다면
삶이 죽음이라는 말과 다르지 않아 혹여
세상천지 염세주의가 판을 치지 않을지요

어떤 기회
– 초가을 무등산

또렷한 생각이 창공에 펄럭이면
구름들 수제비 같아 마음 넉넉하다

시간의 흐름을 알리는 기척들이
곳곳에서 슬슬 목소리 높일 때면

맥 빠진 매미 노래 막걸리 타령
마음은 급한데 가락에 매력이 없다

그대라는 지금이 소리 없이 흐르는데
붙들 수도 보낼 수도 없는 세간의 시간

이렇게 글이라도 쓰지 않는다면
저 간프디 간픈 지금을 어떻게 말하랴

초가을 빈 계곡을 울리는 매미의 절규
시간도 유정有情이라 저 울음 알아줄지

장자에게

비록 작은 나라에 태어났지만
생각을 크고 깊게 한 당신을
나이 든 사람은 좋아들 합니다만

만물제동萬物齊同, 만물은 다 같다는
주장은 노력과 게으름 성실과 불성실도
한가지라는 뜻이 아니길 바랍니다

인간이 존중받을 자격이 있다면 자연도
함께 존중하라는 반 편견의 주장은
다문화에 대한 왜곡된 인식을 바로 잡군요

실존의 압박을 받고 있는 현대인들에게
정신적으로나마 자유로운 세계로 인도하는
탈일상의 소요유逍遙遊는 큰 위안입니다

그러나 두 길을 다 걸어야 한다는 양행兩行과
나를 잊고 무차별 평등을 주장하는 천균天均
서적을 고인의 찌꺼기로 보는 태도는 위험합니다

이 세상 모든 일을 어찌 다 체험할 수 있는지요
체험이 아닌 지식은 다 쓸모가 없나요 언어를
초월한 자각自覺만이 실재한 지식인지 궁금합니다

당신이 시를 썼다면 훨씬 더 훌륭했을 것입니다
상상과 상징에 기댄 당신의 생각과 표현들
조작적 언어 행위의 극치 아닌가요 당신이 싫어
한……

득시론得詩論

대나무의 이치를 알기 위해
대나무를 관찰해보았다던 양명자
그가 알아낸 것은 무엇이었을까?
사물의 이치를 알기 위해서는
사물을 잘 관찰해야 한다는 주자朱子의
말을 믿고 일주일 동안 대나무를
관찰하다가 그만 쓰러져버린 그
그는 관찰이 능사가 아님을 알았다

사물을 관찰한다는 점에서 그것도
잘 관찰해야 한다는 당위 앞에서
시인과 철학자는 꼭 닮았다
시인의 생명은 사물을 잘 관찰하는 것
그런데 관찰만 한다고 사물의 이치가
알아지는 것일까? 대나무를 관찰한다고
해서 대나무의 이치를 알 수는 없잖은가

그래서 왕양명은 마음을 찾았다

마음에서 대나무의 이치를 알아야
대밭에 있는 대나무의 이치가 보임을
알아낸 것이다 마치 시인이 마음속에
애정을 가지고 사물을 관찰해야 사물의
숨겨진 속성이 신대륙처럼 보이듯이

일반 사람이나 시인 할 것 없이 모두
사물을 보며 사물을 접하고 산다
그러나 시인은 무한 애정을 갖고서
사물을 마음으로 눈으로 관찰한다
대나무의 이치를 알아야 그것의
속내를 뭐라고 말할 수 있다는
왕양명의 심즉리心卽理처럼

그래서 왕양명은 시인이요 철학자다
겉돌지 말고 내 마음부터 바로 세우면
참모습이 밝혀진다는 말씀이 시 같다

존재의 미학
– 다시 불일암에서

초월이 있다 이승과 저승
경계가 없다 시간과 공간
한 백 년 넉넉한 멈춤이 있다
가을을 재촉하는 빗방울 몇 점
스님의 마음 정좌 꼬떡도 않는다
생긴 대로 누워 있는 채마전 식구들
해찰을 부리는지 여태 파랗다
무량한 실핏줄로 부활한 당신
삼라의 얼굴에 연꽃을 피웠구려
쪽문을 밀치는 도회지 분내
거친 숨소리 채 갈앉기 전인데
후박나무 보자마자 부처가 된 듯
폐부 깊숙이 파고드는 법어의 향기
진세의 티끌이 하나 둘 떨어진다
텅 빈 의자에 대신 앉은 말씀들
토닥토닥 두런두런 중생아 중생아
죽어서도 사는 방법이 있다지야

저금통 득시론得詩論

저금통을 보다가 투명한 저금통을 보다가
얼마 남지 않은 동전 몇 개에 그만
가슴이 철렁했다 저기 가득 채워두었던
동전들 다 어디 갔을까? 누가 썼을까?
누구를 의심해 보다가 아서라

내게 남겨진 삶이 어쩜 저럴지도
지금까지 이만큼 누리고 살아온 것은
누군가 쌓았던 선업을 내가 빼다가
써먹은 것이 아닐까 누가 내 저금통을
살금살금 나름 유익하게 빼 쓰듯이

아버지, 당신의 저금통으로 제가 살았음에
감사드립니다 그리고 그 저금통에 시가
저축되어 있어서 얼마나 기쁜지 모릅니다
제가 얼마를 더 저금해둬야 세 아이들도

시를 쓰고 읽으며 험한 강 건널까요

일곱 자녀를 위해 평생 저금만 하셨던 당신
시 한 수 지으면 얼마나 저축되겠는지요
앞으로 제가 쓸 수 있는 시가 얼마나 될까요
시는 창작하는 것이라는 허튼 시작론詩作論
그대 사이비 시인은 하늘에서 떨어졌나

곡선과 역사

매미 울음마저 진양조로 우는 곳
남도 땅 강진, 나는 논두렁 밭두렁은
모두 곡선일 줄만 알고 자랐다
동산을 올라도 원근에 보이는 건
좌로 눕고 우로 누운 곡선의 산들이고
골목길을 걸어도 구절양장 돌고 돌며
굴뚝의 연기마저 갈지자로 비틀거렸다
아버지의 어머니가 굽은 허리 한 것이
곡선이 몸에 밴 자연과의 합일이라는
개똥철학을 굳게 믿고 살아온 어느 날

처마에서 직하하는 빗물을 보다가
연필로 쭉 그어 내린 직선들을 알았고
광복절 바람에 펄럭이는 옥양목 국기를
바라보고선 네모난 평면도 있음에 눈을 떴다
세상에는 직선 곡선 평면이 있고

세모와 동그라미도 있음은 살면서 알았다

지엽아, 세모에서 네모까지 오는데 이십 년이
걸렸다 했지? 세상을 사는데 곡선이 좋을지
동그라미가 더 좋을지 아직 잘 모르겠지만
광속구나 강속구가 아무리 빨라도 말이야
타자들 다 쳐내는 것 보면 산사의 목탁 소리
강약의 곡선 있고 교회당 찬송 소리 장단의
높낮이 있는 것 보니 굽어야 좋은가 보다

산을 오르다 말고 산을 재어본다 눈대중하니
곧바로 올라가면 금세이고 재미없을 것 같아
굽은 인생 펴는 기쁨으로 굽은 길 택한다
사랑한다 친구야 말하려다 말고 길게 말하고
싶어 이런저런 유인구 던져본다 곡선의 화법

아 그래 긴 것은 지절지절 곡선이구나
논두렁 밭두렁의 굽은 길이 반만년 내내
이 민족 살리는 생명줄이었듯 우리의
곡절 많은 역사는 직선일 수 없겠지 고향의
논밭 길에서 역사를 읽는다 반만년을 본다

단상 하나

나이를 먹었을까 점점
인연이란 말이 무서워진다
철석같다고 믿었던 우정이
실바람에 날리는 먼지보다 더
가볍게 날아가는 세간의 계산법
다양한 개성만큼이나 아롱다롱한
삶의 방편은 무정견이 무색하다

나이를 먹었을까 점점
만남이란 말이 두려워진다
엉너리 치는 입에서 무슨 말이
나올지도 모르는 괜한 불안과 초조
먼지처럼, 먼지로 느껴지는
관계의 관계들과 관계치 않고 싶다
기억 저편으로 넘긴 것이 많은 중년

마음이 마음에게

짧은 생각 한순간이라도
남의 몰락을 바라지 말자
내 자존도 같이 무너질라

청춘아 너에게 호기豪氣를 보내마
뱃심을 주고 세상을 째려보렴
하찮은 위세에 기죽지 말고

갈지 자로 가는 생각
흔들려야 단단해지는 마음이라면
그 마음 첨부터 풀어놓지 말기를

마음아 널 조석으로 변하게 하다니
참 미안하기 짝이 없다
물욕에 흐려진 양지良知의 오염인가

마음엔 선도 악도 있을 수 없고
마음이 천지 만물의 주인이라는
양명자陽明子의 말씀에 고개가 끄덕

궁금한 안쪽
― 불일암에서

길은 언제나 걷는 자의 것
작정하고 걸으면 길 아니 열릴까
아프지 않게 걷길 바랄 뿐
문은 또 마음의 다른 말
생명을 살리는 감통感通의 문
열려면 누군들 열지 못하랴
대숲 사이로 누워 있는
작은 길을 걸었던 사람들
무슨 생각 안고서 무시로
대지의 단꿈을 깨뜨렸을까
한쪽 문 반만 열어둔 성城 안
피안이 궁금한 속세의 여인
반만 열린 세계의 암향부동暗香浮動이
앙그러진 여인을 혼미케 한다
조는 듯 한가로운 게으른 텃밭을
두어 이랑 차지한 푸성귀 가족들

자족한 존재가 유유자적이다
토방에 잠시 앉힌 진세의 수고로움
낭랑도 아니고 탁음도 아니게
하 세월로 흐르는 독경 소리
그 직선의 낙하를 물끄러미 바라본다
물아가 일체된 한바탕 적정寂靜
눈 하나 깜짝하지 않고
손 하나 까딱하지 않고
독경 소리 삼매에 든다
녹색의 침묵이 숙연한 성城 안
사랑도 꿈쩍하지 않기를

분서갱유 단상

나는 매일 어떤 생각으로 사는가
특별함 없음이 특별한 일상인데
국사를 왜 배우냐고 묻는 한 학생
나를 금세 설레게 한다
기특하구나 아금받지 않은 내 제자
머릿속 청량한 기분이 피어오른다

애야, 국사는 공기란다
공기를 왜 마시냐고 묻지 않잖니
공기가 삼라의 생명을 살리듯
국사는 우리를 살리는 거란다

애야, 국사는 문화란다
문화의 들리지 아니한 숨결이
우리들 몸속에 스며있는 실핏줄이듯
보이지 않아도 뚜렷이 존재하는 공기
미약한 듯 제 역할 다 하는 실핏줄

공기와 실핏줄 둘 다 생명이란다

그래, 사랑하는 내 제자야
꽃을 보거라 참 예쁘지야
예쁜 꽃을 보려면 꽃나무에
물주는 수고로움은 해야 되겠지
그래, 생명을 유지하려면 공기를
마셔야겠지 그것도 맑은 공기를
젊음아, 올바른 국사는 공기란다

그런데
맑은 공기에 방사능 오염수를 뿌리는
한면왜심韓面倭心들 얘기 들었지
곡학아세의 초절정 판타지 말아
분서갱유 진시황의 심정을
이제야 알 것도 같구나
천 년 하고도 또 천 년이 더 지나서

면종복배 面從腹背

장미꽃 본다
홀라당 속옷 벗은
요염한 육신
포동포동 오동통
한바탕 섞이고 싶다
코를 가까이 가져가 본다
뇌리까지 찌르르
짙은 분내가 아니마토
잠자던 사내의
욕정을 불러 깨운다

눈 시린 녹색 외투
꽃 뒤에 살짝 숨은
적청赤靑의 조화가
환상의 궁합이다
한껏 웃는 탐스런 홍안

어젯밤 이슬방울이
애틋한 눈물로 남아
내 사랑 갈망한다
흔들리다 한참을 흔들리다
어라 숨어 웃는 염탐꾼 본다

제3부

소리 공화국

대한민국은 소리 공화국이다
저마다 소리들 많기도 하다
들어줄 사람들 관심 없어도
뜨겁고 간절한 소리가 많다

꽃이 아름답다 말하는 사람아
꽃망울 터뜨리며 외쳤던 소리
산고의 그 외침을 상상해보렴

가슴 저리게 사람이 사랑스럽거든
생각해보렴 천둥보다 더 웅장한
그 사랑 탄생의 아픈 소리를……

무더운 여름 가고 알록달록 가을
단풍 온다며 좋아하는 사람아
버티려는 여름과 밀어내는 가을의

숨 막힌 혈투 소리 상상해보렴

새 사랑이 아름답거든 떠나는 사람의
상처 난 아픔의 절규에 귀를 대보렴

공화국을 이끄는 소리에 귀 먼 사람아
꽃처럼 예쁜 백성들의 신음 소리
계절의 순환처럼 정직한 백성들의
통곡하는 소리에 가슴을 대어보렴

백성들을 맹문이로 몰아가는
저 소리 없는 무서운 폭력들

이제는 정말이지 듣고 싶다
대한민국 백성 공화국에
엉너리 치는 사이비들의 조곡성弔哭聲을

잔고 인생 1.

저금통의 잔고를 본다
사랑을 시작하려다 남아 있는
사랑의 잔고를 확인해본다

저금통의 잔고를 본다
성내고 미워하며 질투하기 전에
그럴 수 있는 잔고를 살펴본다

저금통의 잔고를 본다
먹고 마시며 잠자며 즐기기 전에
오욕과 칠정의 잔고를 본다

저금통의 잔고를 본다
새로운 일을 벌이려다가 잠시
내 생의 남은 바이트를 헤아려본다

잔고 인생 2.

몸부림쳐봐도 생명은 유한한 것
잔고만큼 살 수 있는 우리네 인생
인생은 저금통장의 잔고 같은 것

한눈에 내 마음 뿌리째 흔든 너
이제 중년인데 헤펐을까 내 사랑
또렷한 이성의 힘이 부끄러워라

사랑도 생명이라 생로병사있다지만
고목에 핀 매화도 암향은 청량한 것
바닥난 사랑의 잔고 대출로 채운다

잔고 인생 3.

나는 누군가의 충전기이고 싶다
쓸쓸한 사람의 빈 마음을 채워주는
넉넉한 무량의 식량이 되고 싶다

나는 누군가의 충전기이고 싶다
사랑에 굶주린 내 이웃 보듬어주는
따뜻한 한 장의 이불이 되고 싶다

나는 누군가의 방전기는 싫다
세상의 순조로운 운항을 방해하고
맑은 샘물을 흐리는 방전기는 싫다

나는 누군가의 방전기는 싫다
성채를 쌓고 담장을 두르며 철대문을
닫느라 감통感通을 거부하는 방전기는 싫다

적은 잔고라도 완성도를 높이고 싶다
백 조각의 합금보다 차라리 순금 한 조각
나는 순도 높은 한 조각의 순금이고 싶다

광야 교회

마음이 좌우로 굳었거든 순천만
갈대에게 흔들림을 배워보자
흔들려도 지조까지는 흔들리지 않은
격조 있는 흔들림이 있는 곳
순천만에는 광야 교회가 있다
높다랗지 않아 세상 비바람에
끄덕지 않고 십자가 뾰족지 않아
하느님 언제나 편히 찾는 곳
순천만에는 광야 교회가 있다
부처님 혼자 앉아도 넉넉지 않을
작은 교회당에 스치는 바람들
걸림이 없어 세상사 곡절곡절
물정物情의 전도가 빠르고 맑다
용궁의 특급 비밀 간직한 순천만
순천만 갈대는 제 몸 스스로 흔들며
자장자장 세월 따라 복음을 전한다

낙수의 꿈
― 어느 처마 끝에서

하염없이 지는 게 꽃잎뿐인가
감로甘露 날개 없이 추락을 하는데
바라보는 내 마음 따라서 붉다

처마 끝에 살고 있는 당신의 말씀
한 말씀 한 말씀 시나브로 내린다
몇 억겁 지났을까 쉼 없는 하강이다

추락을 방편 삼아 내렸던 단 이슬
닫힌 마음 열리고 곱게 벙근 호수에
마침내 꽃이 피고 개구리가 뛴논다

원가 공개

웃음의 원가를 생각해봅니다
방긋방긋 웃는 아가의 웃음은
값으로 따지면 한 번에 얼마일까
따라 웃어주는 엄마 웃음의 원가는

사랑의 원가를 생각해봅니다
부처님의 자비와 예수님의 사랑은
순수한 원가가 얼마나 될까요
원근의 운반 비용까지 포함해서

사랑의 원가를 생각해봅니다
자기야, 사랑해 하다가 그 원가를
계산해봅니다 받은 만큼 준다는
그녀의 말에 원가 계산이 빨라집니다

이별의 원가를 생각해봅니다

당신이 바친 액면가 사랑은
언제나 상장가 이상으로 돌아왔지만
투자 총액으로 따지면 손실도 만만찮고

세상살이 원가를 생각해봅니다
세상이 나에게 준 사랑과 배려
그 원가만이라도 갚아야 하리라
사랑으로 배려로 하다못해 시詩라도

한국인의 지조

가을이면 수군수군 식물들의 언어가
요란해지고 고향의 인력引力은 힘이 세진다
무거울 것도 가벼울 것도 없는 고향의
무게가 부유浮遊한 나의 삶을 다잡아준다

발밭지 못한 부족이 사는 산하 처처에
구하九夏의 내공을 도거리로 쌓았을까
온 데 천지 만산이 홍엽紅葉에 물들어도
절대 순도 금색을 출산한 나락을 본다

무위의 양행兩行과 천균天均의 미망을 깨고
뿌린 대로 거두라는 대지의 인과因果
연두와 녹색의 청순한 눈망울들은
거룩한 지조의 눈부신 전조前兆였다

감로甘露 같이 달콤한 배반의 변설과

현란한 단풍 같은 역사의 영욕에도
나락은 금색 지조로 이 땅을 지켜왔다
순백의 사리舍利로 이 백성 살려왔다

5천 살을 훌쩍 넘게 살아온 한국의 나락
지조는 관념이 아니라 실체라고 증명하듯
나락은 늘 한데 서서 금색만을 보여줬다
나락은 한국인 지조의 면면한 표상이다

밀렵蜜獵 인생

마흔아홉의 인생살이가
전부 잘못되었다고 확 고쳤던 사내

나이 오십 되니 춘추시대
위나라 거백옥蘧伯玉이 생각난다

오십에 다시 본 어머니의 야트막한 가슴
하염없이 밀렵의 속죄를 다그친다

어머니의 유방을 밀렵한 뒤부터 세상의
꿀을 밀렵蜜獵해온 지난 오십 년

나 과연 한 톨의 꽃씨라도 심어 봤던가
꽃나무에 한 방울 물이라도 줘봤던가

나 한 번이라도 세상에게 밀렵을 당했던가

내게 밀렵 당할 무엇이 있기는 하는가

세상의 모든 자식들이 어머니의
가슴을 공공연히 밀렵한 밀렵꾼이듯

이 세상에 몸 붙이고 산다는 것이
역사 먹고 문화 마시는 밀렵 아닌가

밀 유렵蜜 遊獵의 연속 부끄러운 인생
나이 오십에 호변虎變을 다짐해본다

성묘 가는 길

천 년도 더 늙은 구로리 팽나무
마을의 역사를 증언이라도 하듯
뼈마디 굵은 모습 주름살도 두껍다

소쩍새가 팽나무에 둥지를 튼 것은
칠 년 전 어느 날 달 밝은 밤이었다
소쩍소쩍 소쩍새 부부 밤을 설친 그 밤
소쩍새 새끼 세 마리가 세상에 나왔다
길조라며 매구 울린 마을 사람들
점잖은 팽나무도 홍갈색 홍분을 했다
세 그루 팽나무에 제금난 소쩍새
가을이면 풍년일세 솥이 적구나
솥 적다 솥 적다
겨울 드니 솥 비웠네 배고파라
솥 텅텅 솥 텅텅
나라님 들으라는 듯 목청을 높였다

소쩍새 이야기는 오래전의 전설
팽나무에 둥지를 튼 초가을 바람
성못길 흐르는 땀 식혀서 가라 하네

숲의 단상

찬란한 내일에 매이지 말고
살아 있는 오늘에 충실하자며
옹춘마니들이 옹잘대며 살아가는
옹울壅鬱한 도회지 빌딩 숲

모든 숲에는 기다림이 있다
연두가 녹색 되고 녹색이 익어
숙성된 홀씨가 삭신을 윤회하며
싱싱한 비행을 기다리듯이

꼭뒤에 부은 물이 발뒤꿈치로
넘쳐서 내를 이루고 강을 이루듯
모든 숲에는 완성의 연원이 있다

그리움이 사무쳐야 역사가 이뤄지고
좌절이 여유로우면 희망이 보이듯
숲에는 설법 저쪽의 묵언이 있다

편백을 힐링하라

아픔 없는 생명이 어디 있으랴만
산다는 것이 다 아픔이라는 조궤弔詭

아픔이 큰 만큼 사랑도 뜨거워야지
편백의 삭신은 온 데가 상처투성이다

입만 열면 힐링을 외치는 세상
편백 숲은 한국의 종합 병동이다

제 몸뚱이 지탱할 산소마저 빼앗기고
흘릴 눈물조차 말라버린 한국의 편백

저 낮은 젖가슴마저 뭉그러지면 어쩌나
소리 없이 통곡하는 편백을 힐링하라

가을 여인

담양에서 석곡으로 흐르는 길섶에는
가녀린 허리의 홍안 추녀秋女가 산다
가을 초입 들바람에 들리는 붉은 속살
무봉無縫한 적색 천의天衣 눈이 버겁다

가을이라 한두 서푼 지성이고 싶은데
사겁四劫을 춤꾼으로 살아온 그대 내력
사설 없이 막춤으로 그 세월 버텼으랴
절절히 풀어헤치는 사랑 타령이 정겹다

그래도 너무 많이 흔들리지 마시게나
뼛속까지 신명으로 물들여진 오십인데
질펀한 오욕 욕정 잠재울 수 있으랴
사내 알면서도 몽따는 앙큼한 저 미소

신부 입장 기다리는 야생의 추하객秋賀客

한 줄 도열 부끄러워 겹겹의 어깨동무
실바람 반주 맞춰 입장하는 가을 신부
내딛는 걸음걸음 새로 쓰는 사랑 역사

어떤 파락호
― 삼가 김용환님께

부자가 삼대를 못 간다는 옛말
안동 사람이면 누구나 다 알고말고

의성 김씨 가문의 13대 종손자
이백억 유산을 화투판에 날리다니

임종의 그 날까지 파락호라 불리어도
선비가 할 일을 끝까지 한 것이란다

이제는 말하라 종손의 조국이여
애국의 심장은 그렇게 뛰는 것이었다고

왜경 앞에 꺾였던 조부의 오백 년 지조
그대 곧추세워 억만 년 푸르고 또 푸르고

사랑의 묘약

세상을 훔친 듯 가슴이 뜁니다
사나이로 태어났다는 자부심이 팔딱입니다
후회 없이 사랑하고 아낌없이 다 주리라
바람처럼 스쳐 스러지는 언약이 아니기를

허튼 맹세 따위는 하지 않으리라
우리의 만남을 필연의 운명이라 이름 합니다
생각만 해도 설레는 그대 속의 내 향기
세상이 딱 멈춰버리는 정적에 전율합니다

마침내 찾은 그대와 나의 참모습
그대 안에 나 있고 내 안에 당신이 있습니다
둘만의 생각으로 동산의 바람에 색을 칠하고
눈빛 자모字母로 긴긴 사랑 얘기 써내려갑니다

명품 별곡

봄은 프라다 가방에 담겨 오는가
시냇물 소리 들리면 푸성귀들 부산하다

봄은 샤넬 향수에 젖어 오는가
지천에 열린 들꽃의 향기 산하가 들썩인다

봄은 페라가모 구두를 신어야 오는가
하얀 구름 가벼운 발길 창공을 활공한다

봄은 버버리 옷깃에 감겨 오는가
팔자로 늘어진 능수버들 춘흥에 흐늘댄다

봄은 알마니 알람 소리 맞춰 오는가
우렛소리 한바탕에 연두 향연 눈부시다

봄은 에트로 원피스를 입어야 오는가

상춘하는 영혼들 옷차림이 가볍다

봄만이 그러하랴 유정有情한 한국의 사계
시절의 인연因緣이 아니 미친 데가 없다

제4부

사랑이란

사랑한다는 것은
가슴에 바다를 키우는 것입니다
사랑의 파도는 밀물처럼 스며듭니다
밤새 왔건만 아쉬움에 낮에도 밀려옵니다

사랑하게 되면서
웃음을 배우고 눈물을 알게 됩니다
울 줄 모르면 웃을 줄도 모르는
사랑의 묘법으로 연화경을 엮습니다

사랑한다는 것은
가슴의 온도계가 요동을 치는 것입니다
사랑의 정의는 누가 뭐라 하든 다 옳으며
사랑은 가슴을 뛰게 하는 묘약입니다

사랑하게 되면서

어설프고 서투른 말에도 감동을 하고
시인이 되었다가 소설가처럼 장황하다가
팔색조의 광대같이 별의별 짓 다 합니다

사랑을 하려거든
가슴 절절 아리게 하라 이성도 지혜도
물거품처럼 파도처럼 버리고 던져버리고
내 안의 그대에게 목숨 줄 수 있기를

엽서 한 장
— 박현규 회장님께*

췌언 같은 긴 사연 송구하여
제번하고 엽서 한 장 적어봅니다

두루뭉수리를 용납지 않고
건강한 생각을 존중하며
정직한 가난에게 손 내주고
정의와 의리를 실천하면서
국가와 민족에 감사하신다는

문경규 군수님**의 말씀 듣다가
사람에게도 무량의 무게와 심연의
바다가 존재함에 마음을 다지며
감히 못방치기라도 해야겠기에
반지빠르게 몇 자 적어봅니다

하늘이 내신 분이라는 당신의 말씀

유유상종 여든 둘의 우정이 뜨겁습니다

암향부동暗香浮動으로 세상을 맑히신 당신
남도 땅 처처에 당신의 향기가 그윽합니다

* 군산 컨트리클럽 회장
**민선 초대, 2대 담양 군수 역임

발상의 전환

죽어서만 가는 곳
천국
요단 강을 건너서 가는
천국
죽지 않고 영원히 사는
천국
천국에 신장개업한
천국 장례식장
발상의 전환이라……

위대한 세례
– 분청사기 덤벙 기법

우수에 찬 눈으로 가을을 본다
가을꽃 향기는 저녁놀보다 허무하고
이슬은 서리 앞에 허리를 굽실댄다

세상을 후려 볼 객기라도 있으면
한 번이라도 실컷 이 세상 째려보련만
그럴 용기마저 없으니 못난 사내다

치마를 뒤집어쓰고 뛰어들 요량이면
고흥 두원 운대리 덤벙 분청사기처럼
백톳물에 뛰어들자 위대한 세례러니

무등산 별곡

무등의 무릎 아래 둥지를 튼 나
무등에게 진 빚이 퍽이나 많다
입석과 서석은 삶의 중심 잡아주고
원효 중심 계곡물은 홍진을 씻어준다
수양산 그늘이 강동 팔백 리를 간다는데
무등산 가슴은 남도 땅 얼마를 안은지

더덕 향기 혼을 빼고 새소리 청랑한
무등의 봄은 천자만홍으로 첫 운을 떼고
상춘객들 옷맵시 경연으로 절정에 오른다
산사의 게으른 풍경 소리와 꾸벅꾸벅
졸음 짓는 농농한 녹음의 달콤한 오수
계곡물의 몸 불림과 매미의 구애 소리로
무등은 삼복의 염천으로 푹 빠져든다
몸속 은밀히 감춰둔 오솔길 사이사이로
팔팔하고 싱싱한 햇살이 자주 밟히는

무등의 가을은 홍엽의 섹시한 눈빛과
장불재 억새의 은근한 몸짓에서 완성된다
춘설헌에 녹차 꽃 지면 찾아오는 겨울
동화사 터에서 중봉 가는 능선의 설원은
호연지기 한바탕으로 남도 기상 보라한다

광주 사람들은 다 알고 있다
무등산이 그들에게 했던 것을
사계절 사랑방 되어 만남을 주선하고
가슴 열고 앉힌 도량 자비를 가르쳤지
홍어에 탁주까지 곁들여진 진수성찬
석양보다 더 화려하게 무등을 차린다
사람을 마다 않는 저 무등의 큰 가슴
품어 안은 것이 사랑이요 사랑이어라

한국의 만년설

한국의 만년설에는 오순도순 사람이 산다
지천의 절후초목은 제철 따라 순행을 하고
이념 밖의 이념으로 정신들이 소통되며
문자 밖의 언어로 의태意態가 원활한 곳
옥양목 속치마 같은 순박한 이웃들의 삶터
그 설원의 흰 속살에 중년의 맘이 박힌다

한국의 만년설에는 아름다운 공화국이 있다
계층의 차별도 없고 탁상공론의 지리멸렬도
없으며 불통의 갈등과 교언영색의 속임수도
없다 신공神工이 빚어낸 아름다운 자연과
질박하고 살가운 부족들이 한 가족 되어
대동사회 이루니 함포고복 여민동락이다

한국의 만년설에는 늘어짐과 여유가 있다
부대끼고 껴안는 엉김이 있고 삐죽이고

토라지는 해학이 있다 칭칭 휘감아 도는
어울림이 있고 겸연쩍게 미소 짓는 아낙과
발개지며 고개 숙인 처녀의 수줍음이 있다
애애靄靄한 은막銀幕의 공화국이 묘경이다

한국의 만년설에는 굳게 닫힌 대문이 없다
열린 문으로 기회와 도전의 신바람이 들고
인정이 밀물처럼 가가호호 밀려드는데
누가 이런 세상을 안개며 운무라 말하는가
닫힌 듯 열린 땅 사라질 듯 의연한 세계
팔색조 같은 희망의 단군왕국 영원하기를

가을의 초파일

가을이 익으면 한국의 산하에는
백두에서 한라까지 등불이 켜진다
사해四海의 물을 퍼부어도 꺼지지 않을
오방색의 환하고 다수운 등불이다
산정에서 물밀듯이 아래로 스며들어
초파일 등불처럼 사바의 어둠을 밝힌다

팔도에서 몰려드는 알록달록한 상풍객들과
한데 어울려 산하는 등불 천국이 된다
무서리 오기 전에 흰 눈이 내리기 전에
깊은 골짜기와 무성한 숲 속의 어두운
구석을 고루고루 밝히고야 말리라는
야무진 몸뚱어리의 의지로 목마름 참는다

온몸을 사르는 상풍霜楓의 숭고한 등불
단풍이 발산하는 불빛은 태양보다 밝고

천강 만강의 월인보다 더욱 자비롭다
가을 초파일엔 마음에도 등불이 켜진다
남녀노소 모두가 따뜻한 등불을 밝힌다
그래서 이 세상이 불쑥 공평해진다

춘궁가

차라리 고개였으면 좋겠다
넘으면 끝이 있는 보릿고개였으면 좋겠다

자본의 노예로 살아가는 나날에
춘궁은 갈수록 기승을 부린다
신춘 공연객의 찬란한 연둣빛 몸짓은
묵은 겨울에 익숙한 삶에 우울을 더 한다
하늘에 빨대라도 대고 쉬어야 할 삶 판
하늘이 지워질 만큼 숨죽여 울어본다
함부로 파도 치고 싶지 않는 눈물의 바다
저물어주는 태양이 무척 고맙기만 하다
창고 비고 고구마 두대통도 밑을 보이는데
저 징그럽게 푸른 청보리밭은
아직도 꽃피울 기미조차 없다
면서기라도 되려면 선산에서 토끼라도
울어주어야 한다는데 원망할 아부지라도

계셨으면 좋으련만

오늘도 자본은 깊고 깊은 늪을 판다
온 가슴 천지가 우포늪이다

나에게 쓰는 엽서 · 2

사는 날까지 항심恒心한 사람이기를

배려받기보다는 배려하는 사람이기를
누군가의 기억에 한결같은 사람이기를
힘든 사람에게 맨 먼저 생각나는 사람이기를
기쁜 사람에게 가장 먼저 생각나는 사람이기를
죽는 날까지 책 읽고 글 쓰는 사람이기를
고마움과 감사함을 아는 사람이기를
뿌리와 근원에 자긍을 느끼는 삶이기를
고향과 국가에 감사할 줄 아는 사람이기를
문자 밖의 언어에 귀 기울일 줄 아는 사람이기를
있는 그대로의 모습을 존중하는 사람이기를
정의의 몰락에 분루를 참지 않는 사람이기를
대가 없는 보답을 바라지 아니한 사람이기를
배부른 돼지보다는 배고픈 양 같은 사람이기를
세상의 척도로 우정을 재지 않는 사람이기를

웃고 우는 일을 가릴 줄 아는 사람이기를

사랑을 하고 사랑을 받는 사람이기를

어떤 생각

어느 날 할아버지는
텔레비전을 보자기로 둘둘 쌌다
텔레비전 속에서 사람들이 왔다갔다
하면서 정신을 사납게 하고
무담시 비싼 전기만 축낸다면서

할아버지의 기발한 생각은 창의성
대신 치매 3기라는 진단이 내려졌다
늙으면 어린애가 된다는데
그래서 생각이 맑고 예쁘다는데
곱게 죽지 않고 별 지랄을 다 한단다

나를 위한 바람이 없는 탓일까
할아버지는 눈빛조차 게으르다
완전 무욕인 것만으로도 충분히 아름다운
마무리가 아닌가 굳이 노자나 장자 따위
들먹일 필요가 없는 저 무욕의 짐 싸기

초승달 사랑

초목들의 가을 축제 개막을 알리는 소리
무각사 대숲에서 사각사각 천연율 인다
금세 저문 저녁은 꼬리가 짧아졌고
살갗 부딪히는 바람은 기운이 제법이다
추국秋菊과 단풍들은 득의한 듯 양양하고
제철 생선처럼 별들의 눈망울 싱싱하다
저렇게 환장한 파란 하늘에 누가 던졌을까
수정같이 투명한 은빛 낚싯바늘 하나
낚고 낚이는 청춘들의 거친 숨소리로
산하 처처가 팔딱팔딱 가을이 익어간다

■ 해설

득시론得詩論에 관한 몇 가지 답론

송수권(시인 · 한국풍류문화연구소장)

1.

최한선은 강진이 낳은 시인이다. 강진은 청자의 고향이요, 영랑의 고향이며 18년 관옥을 치르다 간 다산의 땅이기도 하다. 한마디로 최 시인의 다부진 성격과 사람됨은 중부 이북권의 황장목이 아니라 남도 산하에서 자란 청장목과 같은 인상이다. 청자를 굽는 너구리에 잡목이나 황장목은 쓰지 않았을 것 같고, 필자의 생각으로는 청장목을 쓴 불땀이 아니었을까 싶다. 왜냐하면 참나무 불땀이나 잡목은 산화의 불땀이 일고, 그 대신 황장목은 드물었을 것이라는 추측 때문이다.

그러므로 창장목이 내뿜는 은은한 불깔이나 솔바람 소리는 당차다 할 수밖에 없는데 최 시인의 다부진 성격이 그렇고 몸놀림이 그러하다. 그는 이

번 시집 속의 「한국인의 지조」라는 시에서 "지조는 관념이 아니라 실체"라고 주저 없이 내뱉는다.

겨레 말결을 비단같이 다듬어 낸 영랑의 탐미주의적 시정신과 다산의 실용주의적 시정신에서 그의 시는 아무래도 다산의 시풍에 훨씬 가까운 것으로 이해된다. 작년도(2012년)에 낸 시집 『비상대책위원회』에서 백미편이라 할 수 있는 「전설 천국」한 편을 재확인해 보는 것도 필요할 것 같다. 다산의 시 애절양哀絶陽을 퍽이나 닮았기 때문이다.

> 천태만상이 함께 산다는 것
> 전설이 아니고야 가당할까
> 집에서 잠자던 초등학생이
> 이불에 싸여 가 성폭행을 당하고
> 장까지 파열되어 버려졌다가
> 극적으로 구조되어 겨우 목숨
> 부지하게 되었단다 전설 하나
> ― 「전설 천국」 1연

시인의 표현 기법인 '비판과 풍자'의 백미편에서 애절양의 통곡 소리가 절로 들려오는 듯하다. 그는 이처럼 아이러니와 해학의 기법으로 『비상대책위원회』라는 시편들로 자본과 물신으로 엎질러진 현 시대를 청장목 장작 쪼개듯 도끼질로 난타하고 있다. 이것은 "전설이 아니고서는 불가능한 일"이라는 시인의 폭발적인 분노와 물음이 이 시대의 심장을 향해 꽂히고 있다.

그래서 『비상대책위원회』가 필요했던 것일까. 이 위원회의 승합차에는 공자, 소크라테스, 예수, 석가모니, 노자, 장자까지 합승해서 대책위원회가 열리고 있다. 서양 사상과 동양 사상을 전공하지 않고는 시인이 엄두도 내지 못할 만민공동회의를 그는 주재하고 있는 것이다. 우리가 처한 현실이 그만큼 위급한 상황임을 진단하고 있다. 이것이 오늘의 현실이다. 마치 강증산이 그 시대를 진단하면서 주령 놓은 '조화정부'를 떠올리게 한다.

이런 점에서 시인은 잠수함과 토끼로 비유되기도 하지만 더 나가서는 한 시대의 바람이 어디서 오는가를 알려주는 바람 닭과 같은 존재이고, 날이 어떻게 새는가를 알려주는 새벽닭과도 같은 존재이다.

이는 언어의 주술성에서 오는 예언의 기능이기도 하다. 언어의 주술성은 한 시대를 끌어안은 연금술과 같다. 시인을 연금술사라 함은 이 때문이다. 이는 마치 흙과 물을 질료로 구워내는 청자의 몸 빛깔과 같은 것이 시라는 그릇이다. 그러므로 「한국인의 지조」에서 시인은 "지조는 관념이 아니라 실체"라고 말한다. 따라서 이 한 문장은 그의 시를 한 줄로 꿰뚫는 득시론得詩論이기도 하다.

2.

그의 득시론에서 정치적 용어가 빈번하게 사용되고 있음은 세태 풍자와 야유 또는 강한 아이러니 기법이 현실적인 대응, 즉 치유하려는 힘 때문이다.

『비상대책위원회』가 승합차에서 이루어지는 한국인의 지조와 긍지를 반영한 대승大乘의 담론이라면, 이번 시집『수제비와 구름』은 소승적小乘的인 경지를 타고 있어 이야기체의 서사narrative보다는 개성적인 서정lyric성이 훨씬 시적 아우라$^{Aura : 광채}$를 끌어 올린다고 판단된다. 이는 다중적인 목소리가 아니라 개인적인 감수성에 의존하고 있다는 뜻이다. 이것이 승합차와 개인택시의 차이성이라면 차이일 것이다.

동시에 서정성의 장점은 높은 소리가 세상을 깨우는 것이 아니라 가장 낮은 목소리가 세상을 깨운다는 시적 명제에 부합되기 때문이다. 한국 현대시에서 서사시가 고작 몇 편에 불과한 연유도 여기 있으리라 본다.

> 아픔 없는 생명이 어디 있으랴만
> 산다는 것이 다 아픔이라는 조궤弔詭
>
> 아픔이 큰 만큼 사랑도 뜨거워야지
> 편백의 삭신은 온 데가 상처투성이다
>
> 입만 열면 힐링을 외치는 세상
> 편백 숲은 한국의 종합 병동이다
>
> 제 몸뚱이 지탱할 산소마저 빼앗기고
> 흘릴 눈물조차 말라버린 한국의 편백
>
> 저 낮은 젖가슴마저 뭉그러지면 어쩌나
> 소리 없이 통곡하는 편백을 힐링하라
> ―「편백을 힐링하라」 전문

힐링healing이란 몸을 일으켜 영혼을 치유한다는 뜻이겠지만 그 전 단계는 웰빙이란 말이 쓰였다가 지금은 합성어인 힐빙heal-bing이란 말로 쓰기도 한다. 음식도 힐빙 식탁, 병원도 힐빙, 티비 채널도 발효 천국이라는 힐빙으로 넘쳐난다.

편백숲은 유독 피톤치드로 넘쳐 나는데 남도에서는 전남 장성 축령산 편백숲이 유명하다. 피톤치드란 각종 미생물로부터 자신을 보호하기 위해 내뿜는 휘발성 향기 물질을 말한다.

모기를 비롯한 곤충이 오지 않은 것으로 보아 삼림욕을 하면 식물에서 나오는 각종 향균성 물질인 피톤치드가 몸속으로 들어가 나쁜 병원균과 해충, 곰팡이 등을 없애는 구실을 한다고 믿는 분들이 많아 20C 초에는 폐결핵을 치료하려면 숲 속에서 좋은 공기를 마시며 요양하는 것이 필수라고 알려져 있다. 이 때문에 지금 한국의 숲은 몸살을 앓고 있는 것을 시인은 역발상으로 받아치고 있다.

이런 숲이 어디 편백뿐이랴. 봄이 오기 전 지리산이나 백운산 고로쇠나무 둥치에 주렁주렁 매달린 링거병 또한 이런 증상을 앓고 있다.「편백을 힐링하라」는 거꾸로 인간이 편백을 살리라는 강력한 비판 정신이 수용되어 있다. 상처trauma 없는 시는 읽지도 쓰지도 말라는 시 창작 원리 또는 '시인이 앉았다 일어선 자리에선 피바람이 분다'의 표본적 작품일 것이다.

> 구름이 무심타니 누구의 생각일까
> 노니는 모습을 보니 즐기는 음악이
> 여러 종류임을 금세 알 것 같은데
> 그의 부족어도 자모음이 있을 테고
> 그 의상에도 신구의 유행이 있을 터
> 짝을 고를 때에는 무엇을 중시하고
> 어떤 직업을 선호하며 취미 생활은
> 무엇을 하며 외식은 어디서 하는지
> 그들은 몇 살을 살며 무얼 주식으로
> 먹는지 결혼은 몇 살에 하고 자녀는
> 몇 명을 두는지 어제 본 그를 내일도
> 볼 수 있는지 구름의 냄새는 어떠며
> 어떤 정치를 좋아하는지 자꾸만 내
> 마음이 간다 주린 배 안고 봤던 구름
> 구름이 크려면 하늘도 커야 하는지
> 마당에 나와 둥둥 떠가는 큰 구름을
> 잡아서 수제비 여러 사발 끓였었지
> ─「수제비와 구름」 전문

시는 개체험의 기록이 아닐 때 공허하게 들린다. 시인이 오기 전 이 세상의 사물은 하나도 완성된 것이 없었다는 릴케 체험은 시가 끝날 때까지 남아야 할 최후의 명제가 될 수 있다. 결구라 할 수 있는 "마당에 나와 둥둥 떠가는 큰 구름을 잡아서/수제비 여러 사발 끓였었지"는 바로 유년의 체험이거나 현실에 처한 시인의 목마름에 값하는 아주 재미있는 아날로지$^{analogy : 유추}$에 해당한다. 시인의 유머러스한 감각이 이 작품을 살리는 인식소가 되고 있다. 시속에서 금기 언어인 "정치"라는 시어마저도 위풍당당한 말로 들리는 것은 그의 시를 읽는 재미가 된다.

"실직 한 달만에 구름이 집 앞에 와서 택시로 머무는 것을 보았지"라는 트라우마와 같이 짝을 이루는 명품이라고 할 수 있다.(김륭,「구름에 관한 몇 가지 오해」) 개체험의 아날로지가 아니고서는 이런 명품이 나오기는 힘들다

어느 날 할아버지는
텔레비전을 보자기로 둘둘 쌌다
텔레비전 속에서 사람들이 왔다갔다

하면서 정신을 사납게 하고
무담시 비싼 전기만 축낸다면서

할아버지의 기발한 생각은 창의성
대신 치매 3기라는 진단이 내려졌다
늙으면 어린애가 된다는데
그래서 생각이 맑고 예쁘다는데
곱게 죽지 않고 별 지랄을 다 한단다

나를 위한 바람이 없는 탓일까
할아버지는 눈빛조차 게으르다
완전 무욕인 것만으로도 충분히 아름다운
마무리가 아닌가 굳이 노자나 장자 따위
들먹일 필요가 없는 저 무욕의 짐 싸기

- 「어떤 생각」 전문

  위의 시에서 할아버지의 우스꽝스럽고도 기발한 생각은 어디서 온 것일까? 그것은 할아버지의 창의성이 아니라 치매 3기에서 온 증후군이다. 시인은 이렇게 죽어가는 노인을 "완전 무욕인 것만으로도 충분히 아름다운/ 마무리가 아닌가"라고 진

술한다. 노자나 장자 따위를 납작하게 뭉개버리는 "저 무욕의 짐 싸기"로 납작하게 만든다.

주자의 격물치지格物致知나 노자의 5천언(도덕경), 장자의 소요유나 제물론, 소크라테스 등 그가 동서양 사상을 통섭한 인문학 교수라는 것을 알면, 그의 "비판과 풍자 정신"이 어디서 연원하고 있는지를 쉽게 알 수 있을 것이다.

위의 시를 들먹일 필요도 없이 앞서 언급했던 시집 『비상대책위원회』는 그 승합차가 좋은 반증이 될 것이다. 동시에 그가 불교의 포교사라는 것을 알면, 다음 시 「끄다·1」도 쉽게 이해되고 법화경 쯤에서 온 "뿌리"라는 것도 쉽게 이해할 것이다.

　　전생 현생 내생 삼생의 부처님
　　당신은 삼 세상의 소방수였다지요

　　동짓달 벽공碧空의 유성조차도
　　식은 화로에 재 같은 욕정일지라도
　　행여 불심이 우주를 태울까 인연을 끊고
　　눈 귀 코 입 오욕의 사통팔달 문을 잠갔다고요

　　불난 집에 뛰노는 아이들 놀이터 같은 세상

저 집의 저 불은 왜 아니 끄시고요

법화경 한 구절로 소방수처럼 빨랫줄을 꼬아 고무호스로 "불난 집에 뛰노는 아이들 놀이터 같은 세상/ 저 집의 저 불은 왜 아니 끄시고요"라는 기발난 발상(상상력)으로 화택$^{火宅:세상}$에 불을 끄는 시인의 당찬 모습을 볼 수 있다. 원형 이미지에서 대립되고 있는 아니무스animus와 아니마anima의 갈등과 상극은 물이 아니면 불을 제어할 수 없는, 우리가 처한 현실은 곧 화택^{火宅} 같은 세상이기 때문이다. 이 경우 물은 노자의 8장에서 온 상선약수^{上善若水}의 코드라는 것도 단박에 알 수 있다.

3.

필자는 작년도(2012)에 낸 최 시인의 시집 『비상대책위원회』를 강증산의 조화정부를 예로 든 바가 있다. 그 승합차엔 주자의 격물치지론과 공자의 정명론이 있는가 하면, 왕양명의 양명론까지 조화를 이루고 있다. 그런가 하면 예수까지 포섭되어 격물치지와 정명론에서 양명론까지 승합차는 먼 길을 달리고 있다.

그가 한문학을 전공한 것을 알면 동양 고전에 밝은 심안心眼을 가진 청안시靑眼視라는 것도 쉽게 간파할 수 있고, 노자의 곡선은 완전하다曲則全의 원리가 무엇이란 것도 쉽게 알아낼 수 있다.

다음은 격물치지와 정명론 그리고 곡선의 상법想法을 승합한 「광야 교회」로 달리는 포괄적인 승합차를 타보도록 하자. 그런 의미에서 다음 시는 수용과 배제의 원리에서 보면 수용의 원리에 해당한다. 이는 「끄다・1」과는 길항拮抗이 아니라 모순된 관계에 놓인다

> 마음이 좌우로 굳었거든 순천만
> 갈대에게 흔들림을 배워보자
> 흔들려도 지조까지는 흔들리지 않은
> 격조 있는 흔들림이 있는 곳
> 순천만에는 광야 교회가 있다
> 높다랗지 않아 세상 비바람에
> 끄덕지 않고 십자가 뾰족지 않아
> 하느님 언제나 편히 찾는 곳
> 순천만에는 광야 교회가 있다
> 부처님 혼자 앉아도 넉넉지 않을

작은 교회당에 스치는 바람들
걸림이 없어 세상 사 곡절곡절
물정物情의 전도가 빠르고 맑다
용궁의 특급 비밀 간직한 순천만
순천만 갈대는 제 몸 스스로 흔들며
자장자장 세월 따라 복음을 전한다

― 「광야 교회」 전문

  위의 시에서 "흔들림"은 곡선의 미학이고, 흔들려도 "지조 있게 흔들림"은 격물과 정명을 포섭한다. "십자가 뾰족지 않아/ 하느님 언제나 편히 찾는 곳" 순천만에는 이런 공화국의 갈대밭이 있다는 것이다. 이 또한 범상치 않은 승합현장이다. 점입가경으로 가장 낮은 자리로 찾아나서는 그의 시詩 밑자리는 마치 노자의 상선약수上善若水에 나오는 "물은 가장 낮은 데 처하기를 좋아한다居善地"는 그 현장과 같은 깔자리다. 그래서 그는 「원가공개」로 시를 쓰는 시인이기도 하다.
  시가 논리나 철학적 요설을 극복한다는 점에서 언어는 지극히 개인적이고 고백적이며 주술성이라는 점에서 감동의 세계가 열림은 당연하다. 지금까지 일별한바 최한선의 시 세계인 득시론得詩論을 한

마디로 요약한다면 동양 정신을 기저로 한 "법고창신法古創新"의 세계로 규정할 수 있을 것이다.

특히 그는 "비판과 풍자의 기법"을 통한 당대의 유머러스한 멋의 감각을 지닌 시인으로 평가된다. 아날로지$^{analogy : 유추}$ 구사에 있어서도 두 사물의 거리가 멀면 멀수록 충격요법은 커진다는 것은 상식이다.

그의 시에서 한 시대를 예단하는 "메스는 날카롭되 그 칼끝은 따뜻하다"라는 감동적인 말을 남기며 「자서」라고 할 수 있는 시 한 편을 다시 적어본다.

대기대용大器大用을 바란다.

사는 날까지 항심恒心한 사람이기를

배려받기보다는 배려하는 사람이기를
누군가의 기억에 한결 같은 사람이기를
힘든 사람에게 맨 먼저 생각나는 사람이기를
기쁜 사람에게 가장 먼저 생각나는 사람이기를
죽는 날까지 책 읽고 글 쓰는 사람이기를
고마움과 감사함을 아는 사람이기를
뿌리와 근원에 자긍을 느끼는 삶이기를

고향과 국가에 감사할 줄 아는 사람이기를
문자 밖의 언어에 귀 기울일 줄 아는 사람이기를
있는 그대로의 모습을 존중하는 사람이기를
정의의 몰락에 분루를 참지 않는 사람이기를
대가 없는 보답을 바라지 아니한 사람이기를
배부른 돼지보다는 배고픈 양 같은 사람이기를
세상의 척도로 우정을 재지 않는 사람이기를
웃고 우는 일을 가릴 줄 아는 사람이기를

사랑을 하고 사랑을 받는 사람이기를
― 「나에게 쓰는 엽서 · 2」